四川省地方标准

公路桥梁波折钢-混凝土组合桥面板技术规程

DB 51/T 2597—2019

Technical Specification for Corrugated Steel-concrete Composite Bridge Deck of Highway Bridge

主编单位：四川省公路规划勘察设计研究院有限公司

批准部门：四川省市场监督管理局

实施日期：2019 年 09 月 01 日

人民交通出版社股份有限公司

图书在版编目(CIP)数据

公路桥梁波折钢-混凝土组合桥面板技术规程 / 四川省公路规划勘察设计研究院有限公司主编. —北京 : 人民交通出版社股份有限公司, 2019. 11

ISBN 978-7-114-15923-7

Ⅰ. ①公… Ⅱ. ①四… Ⅲ. ①公路桥—钢筋混凝土桥—桥面板—技术规范 Ⅳ. ①U448. 143. 32-65

中国版本图书馆 CIP 数据核字(2019)第 239933 号

书　　名: 公路桥梁波折钢-混凝土组合桥面板技术规程
著 作 者: 四川省公路规划勘察设计研究院有限公司
责任编辑: 黎小东
责任校对: 孙国靖　扈　婕
责任印制: 张　凯
出版发行: 人民交通出版社股份有限公司
地　　址: (100011)北京市朝阳区安定门外外馆斜街 3 号
网　　址: http://www. ccpress. com. cn
销售电话: (010)59757973
总 经 销: 人民交通出版社股份有限公司发行部
经　　销: 各地新华书店
印　　刷: 北京市密东印刷有限公司
开　　本: 880 × 1230　1/32
印　　张: 2
字　　数: 35 千
版　　次: 2019 年 10 月　第 1 版
印　　次: 2019 年 10 月　第 1 次印刷
书　　号: ISBN 978-7-114-15923-7
定　　价: 40. 00 元

前　　言

根据四川省质量技术监督局川质监函〔2016〕146 号文件的要求，以四川省交通科技项目“新型等效厚度钢-混凝土组合桥面板技术开发研究”的科研成果为支撑，制定《公路桥梁波折钢-混凝土组合桥面板技术规程》。

本规程主要技术内容包括：总则、术语和符号、材料、基本规定、承载能力极限状态计算、正常使用极限状态计算、施工计算、构造要求、施工与质量验收等。

本规程由四川省市场监督管理局审查批准，四川省交通运输厅负责管理，四川省公路规划勘察设计研究院有限公司负责具体技术内容的解释。在执行过程中如有意见和建议，请寄送至四川省公路规划勘察设计研究院有限公司（地址：成都市武侯祠横街 1 号，邮编：610041）。

主编单位：四川省公路规划勘察设计研究院有限公司

参编单位：四川交通职业技术学院

武汉理工大学

西华大学

主要起草人：牟廷敏、李胜、范碧琨、梁健、何娇阳、丁庆军、周孝军、李畅、赵艺程、康玲、孙才志、倪春梅、李成君、易志宏、刘浪、周桂吉、范翊。

目　　次

1 范　围

本规程规定了波折钢-混凝土组合桥面板总则、术语和符号、材料、基本规定、承载能力极限状态计算、正常使用极限状态计算、施工计算、构造要求、施工与质量验收等。

本规程适用于采用钢筋混凝土结构或钢结构的梁桥、拱桥、斜拉桥等新建桥梁的主梁桥面结构设计或旧桥桥面结构改造。

2 规范性引用文件

下列文件对于本文件的应用是必不可少的。凡是注日期的引用文件,仅注日期的版本适用于本文件。凡是不注日期的引用文件,其最新版本(包括所有的修改单)适用于本文件。

GB 50017	钢结构设计标准
GB 50010	混凝土结构设计规范
GB 700	碳素结构钢
GB/T 4172	焊接结构用耐候钢
GB/T 50283	公路工程结构可靠度设计统一标准
JTG B01	公路工程技术标准
JTG D60	公路桥涵设计通用规范
JTG 3362	公路钢筋混凝土及预应力混凝土桥涵设计规范
JTG D64	公路钢结构桥梁设计规范
JTG/T F50	公路桥涵施工技术规范
DB 51/T 1991	钢-混凝土组合桥面板技术规程
DB 51/T 1993	桥面铺装整平层复合强化技术规程
YB 9238	钢-混凝土组合楼盖结构设计与施工规程

3 总 则

3.0.1 为规范波折钢-混凝土组合桥面板的设计、施工与质量验收,保证工程安全适用、经济合理、技术先进、资源节约,制定本规程。

3.0.2 本规程适用于采用钢筋混凝土结构或钢结构的梁桥、拱桥、斜拉桥等新建桥梁的主梁桥面结构设计或旧桥桥面结构改造。相关结构工程可参考使用。

3.0.3 波折钢-混凝土组合桥面板应设计为顺板肋方向的单向板。

条文说明

波折钢-混凝土组合桥面板肋方向抗弯惯矩大、承载能力高,因此,板肋方向应设计为波折钢-混凝土组合桥面板承载的主受力方向。

3.0.4 波折钢-混凝土组合桥面板与主梁应采用锚固连接。

3.0.5 波折钢-混凝土组合桥面板中的钢筋抗剪连接件应与波折底钢板焊接,焊接长度应能够传递施工和使用阶段钢板与混凝土界面间的纵、横向剪力。

3.0.6 波折钢-混凝土组合桥面板的波折底钢板应作为受力构件参与受力计算,并兼作浇筑混凝土的模板。

3.0.7 波折钢-混凝土组合桥面板应采用以概率理论为基础的极限状态设计法,按分项系数设计表达式进行计算,并进行以下两类极限状态设计:

1 承载能力极限状态:对应于波折钢-混凝土组合桥面板及其构件达到最大承载能力或出现不适于继续承载的变形或变位的状态。

2 正常使用极限状态:对应于波折钢-混凝土组合桥面板及其构件达到正常使用或耐久性的某项限值的状态。

3.0.8 波折钢-混凝土组合桥面板的承载能力计算,应根据不同种类的作用(或荷载)及其对桥梁的影响和桥梁所处的环境条件,区分以下四种状况进行相应的极限状态设计:

1 持久状况:桥梁建成后承受自重、车辆等荷载的状况。应进行承载能力极限状态和正常使用极限状态设计。

2 短暂状况:桥梁施工过程中承受临时性作用的状况。应进行承载能力极限状态设计,必要时做正常使用极限状态设计。

3 偶然状况:桥梁在服役期内可能偶然出现异常的状况。应进行承载能力极限状态设计,必要时做正常使用极限状态设计。

4 地震状况:桥梁在遭受地震作用时的状况,在抗震设防地区应计入地震设计状况。应进行承载能力极限状态设计,必要时做正常使用极限状态设计。

3.0.9 波折钢-混凝土组合桥面板应合理考虑温度、混凝土收缩徐变效应。

条文说明

波折钢-混凝土组合桥面板是由两种或两种以上材料组合而成,其温度膨胀系数各不相同,当直接受热源影响时,应按规定进行温度应力的计算。由于波折钢-混凝土组合桥面板的钢板、钢筋和钢纤维约束作用,且混凝土体量较小,试验研究证明桥面板混凝土收缩徐变效应影响较小,应根据本规程的规定执行。

3.0.10 波折钢-混凝土组合桥面板的波折底钢板宜采用耐候钢板,厚度不宜小于4mm;混凝土强度等级宜为C30、C40。

3.0.11 波折钢-混凝土组合桥面板的混凝土浇筑应采用无支架施工,其波折底钢板构造、抗剪连接件构造的设计应满足浇筑混凝土时的刚度和强度要求。

条文说明

波折底钢板构造包括钢板厚度、波形的参数设计;抗剪连接钢筋构造包括钢筋的直径、间距、焊缝长度的参数设计。

3.0.12 波折钢-混凝土组合桥面板设计使用年限应为100年;波折底钢板宜采用长效型防腐涂装体系,保护年限应为15~25年。

3.0.13 波折钢-混凝土组合桥面板中的钢结构构造细节应满足完整性设计的要求。

条文说明

近年来,美国、韩国及中国等国家的钢结构桥梁,因制造或服役期造成的局部缺陷,在恶劣环境中急速恶化扩展,缩短了桥梁设计服役期甚至垮塌。波折钢-混凝土组合桥面板结构因主要采用焊接形式,并且空中安装焊接工作量大,在连接接头处更容易造成钢结构的局部缺陷,严重影响波折钢-混凝土组合桥面板的寿命。

3.0.14 波折钢-混凝土组合桥面板的设计与施工,除满足本规程外,尚应符合国家或行业现行有关标准的规定。

4 术语和符号

4.1 术 语

4.1.1 波折钢-混凝土组合桥面板(凹肋钢-混凝土组合桥面板)

在波折底钢板上按构造要求焊接钢筋剪力键,再浇筑纤维混凝土形成的钢-混组合结构,又称凹肋钢-混凝土组合桥面板。

4.1.2 波折底钢板

经辊压冷弯,沿板宽方向形成波形截面的成型钢板。

4.1.3 混杂纤维混凝土

用一定量乱向分布的两种或两种以上不同纤维材料增强的以水泥为胶结材料的混凝土。

4.1.4 钢筋剪力键

采用弯折钢筋与波折底钢板的波形截面正交焊接形成的抗剪连接件。

4.1.5 封头锚固钢板

在波折底钢板与主梁连接处,设置带孔的钢板与波形端部焊接连接,用于封闭混凝土和锚固连接构造的钢板。

4.1.6 完整性设计

钢结构材质、荷载、构造、制造、安装、维护等环节设计时,既规定构件的强度和刚度要求,又规定构件损伤容限和抗断裂要求,以保证结构的设计使用目标,具有系统性、整体性和综合性特点的设计。

4.2 符 号

4.2.1 材料指标

E——钢材的弹性模量;

E_c——混凝土的弹性模量;

E_s——钢筋的弹性模量;

G——钢材的剪切模量;

f_d、f'_d——钢材的抗拉、抗压强度设计值;

f_{cd}——混凝土轴心抗压强度设计值;

f_{td}——混凝土轴心抗拉强度设计值;

f_{sd}、f'_{sd}——钢筋的抗拉、抗压强度设计值;

f_{vd}——钢材抗剪强度设计值；

f_y——钢材的屈服强度。

4.2.2 作用和作用效应

M_d——波折钢-混凝土组合桥面板的弯矩设计值(单位宽度内)；

M_l——按作用准永久组合计算的弯矩设计值(单位宽度内)；

M_s——按作用频遇组合计算的弯矩设计值(单位宽度内)；

N_l——按作用准永久组合计算的内力值(弯矩或轴向力)；

N_s——按作用频遇组合计算的内力值(弯矩或轴向力)；

F_{ld}——波折钢-混凝土组合桥面板的冲切力设计值；

V_d——波折钢-混凝土组合桥面板斜截面上的剪力设计值；

V_{zd1}——单个钢筋剪力键抗剪承载力设计值。

4.2.3 几何参数

A_s——波折底钢板截面面积(单位宽度内)；

A'_s——受压区的波折底钢板面积；

A_{sd}——受拉区钢筋的截面面积；

A'_{sd}——受压区钢筋的截面面积；

A_{cd}——受压区混凝土的截面面积(单位宽度)；

A_{s1}——单个钢筋剪力键钢筋截面面积；

a——波折底钢板肋底缘宽度；

b——波折底钢板单位宽度；

b_c——荷载宽度；

b_{cm}——波折钢-混凝土组合桥面板的有效工作宽度；

b_m——局部荷载在波折钢-混凝土组合桥面板中的分布宽度；

b_{ef}——受压翼缘的计算宽度取值；

c_p——临界周界长度；

h_a——波折底钢板总高度；

h_c——波折底钢板上翼缘以上混凝土厚度；

h_f——铺装层厚度；

h_0——波折钢-混凝土组合桥面板有效高度，即从波折底钢板重心至混凝土受压边缘的距离；

L——波折钢-混凝土组合桥面板的计算跨径；

L_p——荷载作用点至波折钢-混凝土组合桥面板支撑的较近距离；

W_r——波折钢-混凝土组合桥面板平均肋宽；

x_c——波折钢-混凝土组合桥面板受压区高度；

x_{cc}——波折底钢板从其受压翼缘外边缘到中性轴的距离；

Y——波折底钢板截面应力合力至混凝土受压区截面应力合力的距离；

Y_1——波折底钢板受拉区截面拉应力合力至受压区混凝土板

截面压应力合力的距离；

Y_2——波折底钢板受拉区截面拉应力合力至波折底钢板截面压应力合力的距离；

Y_3——受拉钢筋应力作用点至受压混凝土截面应力合力的距离；

W_s——波折底钢板截面抵抗矩；

I_s——单位宽度波折底钢板对截面重心轴的惯性矩；

$[\omega]$——容许挠度；

ω——永久荷载作用产生的挠度；

ω_{fk}——最大裂缝宽度。

4.2.4 计算系数及其他

γ_0——桥梁结构的重要性系数；

γ——构件系数；

λ——波折钢-混凝土组合桥面板的计算截面的剪跨比；

C_1——钢筋表面形状系数；

C_2——作用(或荷载)长期效应影响系数；

C_3——与构件受力性质有关的系数；

σ_{ss}——作用频遇组合下负弯矩纵向钢筋应力；

ρ_e——纵向受拉钢筋的配筋率；

f_q——波折钢-混凝土组合桥面板的计算自振频率。

5 材 料

5.1 波折底钢板

5.1.1 波折底钢板宜采用 Q235B 钢材，其质量应符合现行《碳素结构钢》（GB/T 700）的规定。

条文说明

波折钢-混凝土组合桥面板的钢板厚度薄、应力水平低，而刚度要求大，Q235B 钢材质量稳定、性能可靠、工程经验成熟、价格低，因此，采用 Q235B 材质。

5.1.2 钢材的物理力学性能应满足表 5.1.2-1 的要求；钢材的强度设计值应满足表 5.1.2-2 的要求。

表 5.1.2-1 钢材的物理力学性能

弹性模量 E(MPa)	剪切模量 G(MPa)	线膨胀系数 α(1/℃)	密度 ρ(kg/m^3)
2.06×10^5	0.79×10^5	1.2×10^{-5}	7850

表 5.1.2-2 钢材的强度设计值

钢材	抗拉强度 f_d (MPa)	抗压强度 f'_d (MPa)	屈服强度 f_y (MPa)	抗剪强度 f_{vd} (MPa)
Q235	215	215	235	125

5.1.3 波折钢-混凝土组合桥面板的波折底钢板,可选用耐候钢。相关耐候钢技术要求按《焊接结构用耐候钢》(GB/T 4172)执行。

条文说明

在桥位具有特殊环境保护要求、桥梁设计除桥面板的波折底钢板防腐涂装外没有其他钢结构的防腐等情况时,波折钢-混凝土组合桥面板的波折底钢板可选用耐候钢。

5.1.4 波折钢-混凝土组合桥面板用波折底钢板,应检验抗拉强度、屈服强度、冲击功断后伸长率、冷弯性能并进行化学成分分析。

条文说明

波折钢-混凝土组合桥面板用波折底钢板作为桥面板的受力构件,其物理力学性能必须可靠;冷弯试验合格对冷成型波折底钢板极为重要;为保证波折钢-混凝土组合桥面板中波折底钢板与混凝土之间的组合作用,需在波折底钢板板肋上焊接钢筋剪力键,因此对碳、硅、锰、硫、磷的含量应满足《碳素结构钢》(GB/T 700)的规定。

5.2 钢筋剪力键

5.2.1 波折钢-混凝土组合桥面板的钢筋剪力键,宜采用 HRB400 钢筋,其物理力学性能及强度设计值应满足《公路钢筋混凝土及预应力混凝土桥涵设计规范》(JTG 3362)的要求。

条文说明

波折钢-混凝土组合桥面板的钢筋剪力键仅指组合桥面板中承担剪力的钢筋,纵横向受力钢筋不在本条规定之内。

5.2.2 波折钢-混凝土组合桥面板的钢筋剪力键与波折底钢板的焊接,宜采用等组配或低组配的焊接材料。

5.3 混　凝　土

5.3.1 波折钢-混凝土组合桥面板的混凝土,宜采用低收缩、高抗裂、高韧性的混杂纤维混凝土。

5.3.2 钢-混凝土组合桥面板采用的混杂纤维混凝土,其混合纤维主要包括:

1 掺入0.7~0.9kg/m^3的聚丙烯腈纤维和35~50kg/m^3的钢纤维的混合纤维。

2 掺入35~60kg/m^3钢纤维的总量,可为长、粗钢纤维与短、细钢纤维的混合。

3 本规程规定的混杂纤维可选用上述两种混合形式,也可选用一种形式的钢纤维。

5.3.3 钢纤维应满足下列要求：

1 采用多锚点的碳素钢丝切断型钢纤维，表面应有明显的压痕，其长度为 20 ~ 30mm，直径或等效直径为 0.6 ~ 0.9mm，抗拉强度大于 600MPa。

2 表面不得有锈蚀、油污等杂质，加工不良的粘连片、铁屑等杂质含量不得超过总量的 1.0%。

3 长度、直径偏差不应超过长度、直径公称值 ±10%，长径比偏差不应超过 ±15%，每根质量不应超过公称质量值的 ±15%。

4 应具有良好的外形，形状合格率不应低于 90%。

5 应具有良好的弯折性能，能承受一次弯折 90°而不断裂。

6 在混凝土中不应变“V”形，不结团，具有良好的分散性。

条文说明

采用合理的钢纤维掺量和粗短纤维形状是避免钢纤维在混凝土拌和时成团的技术途径。试验研究表明，多锚点且带压痕的钢纤维，其锚固强度高、黏结性能好。

5.3.4 聚丙烯腈纤维应满足下列要求：

1 直径为 12 ~ 15μm，长度为 6 ~ 12mm，抗拉强度≥910MPa，弹性模量 7.0 ~ 9.0GPa。

2 在混凝土中不应结团，分散性能优良。

3 外色应均匀，没有污染，不得含有杂质。

4 应具有良好的亲水性能,在水中均匀分散。

5.3.5 波折钢-混凝土组合桥面板采用的混凝土强度等级宜为C30 ~ C40。当采用C40混凝土时,其力学性能指标为:混凝土28d试配抗压强度不应小于48MPa,28d试配抗折强度不应小于5.5MPa。当采用C30混凝土时,其力学性能指标为:混凝土28d试配抗压强度不应小于38MPa,28d试配抗折强度不应小于5.0MPa。

条文说明

本条规定的指标为掺入纤维后的混凝土标准试件力学性能指标。

5.3.6 波折钢-混凝土组合桥面板的混凝土,其28d收缩率不应大于4.0×10^{-4},28d抗渗等级应达到W8。

5.3.7 波折钢-混凝土组合桥面板的混凝土,当采用泵送运输时,其初始坍落度不宜大于200mm,扩展度不宜小于450mm;当采用罐车运输时,其初始坍落度不宜大于140mm,浇筑时坍落度不宜大于120mm。

5.3.8 波折钢-混凝土组合桥面板的混凝土,宜采用高效保塑、缓凝的聚羧酸系减水剂,其减水率不宜低于25%,且不降低混凝土和钢材的力学性能和耐久性能。

5.3.9 采用的外加剂应满足下列要求：

1 减水剂应有厂商提供的相应减水率及推荐掺量，同时应提供氯离子含量、含碱量和使用注意事项。

2 外加剂的合理掺量应针对不同原材料通过试配确定。

3 减水剂中的氯离子含量不应大于混凝土中胶凝材料总量的0.02%，硫酸钠含量不应大于减水剂固含量的15%。

4 不应使用氯化钠、氯化钙等氯盐的外加剂，不宜使用早强剂。

5 不宜使用亚硝酸钠类阻锈剂。

条文说明

减水剂超量或欠量使用时，对混凝土的有害影响和减水剂掺加方法应明确。

5.3.10 混凝土材料性能应符合表5.3.10的规定。混凝土的剪切模量 G_c 可按表5.3.10中弹性模量 E_c 的0.4倍取值，泊松比 μ_c 采用0.2。

表 5.3.10 混凝土材料性能

混凝土强度等级	强度标准值(MPa)		强度设计值(MPa)		弹性模量 E_c (MPa)	线膨胀系数 α_c (1/℃)
	轴心抗压强度 f_{ck}	轴心抗拉强度 f_{tk}	轴心抗压强度 f_{cd}	轴心抗拉强度 f_{td}		
C30	20.1	2.01	13.8	1.39	3.00×10^4	1.00×10^{-5}
C40	26.8	2.40	18.4	1.65	3.25×10^4	1.00×10^{-5}

6 基本规定

6.1 一般规定

6.1.1 波折钢-混凝土组合桥面板应根据边界条件约束的长宽比,按单向或双向连续桥面板进行设计和计算。因结构构造需要,波折钢-混凝土组合桥面板采用双向板时,纵肋方向应按全高的连续梁计算,垂直肋方向应按顶板厚度为计算高度的连续板计算。

6.1.2 波折钢-混凝土组合桥面板设计时,应计算桥面板运输、安装、混凝土浇筑和运营使用阶段波折底钢板的强度和刚度。

条文说明

根据波折钢-混凝土组合桥面板的构造和形成过程,波折底钢板作为结构受力部件并兼作混凝土浇筑的底模,应对波折底钢板进行强度和刚度验算。

6.1.3 使用荷载作用下,波折钢-混凝土组合桥面板应对三种体系的受力计算结果,进行组合截面强度与变形验算。

条文说明

桥梁结构计算的三种结构受力体系是指:波折钢-混凝土组合桥面板作为主梁上翼缘板参与整体受力,即第一结构体系;波折钢-混凝土组合桥面板作为主梁中纵横格子梁上翼缘板参与局部受力,即第二结构体系;波折钢-混凝土组合桥面板作为支撑于主梁中纵横格子梁上的板,承受并传递车轮荷载与主梁的局部荷载,即第三结构体系。

使用阶段底钢板与混凝土板通过剪力键连接形成组合截面,应按组合截面进行强度与变形验算。

6.2 计算规定

6.2.1 波折钢-混凝土组合桥面板第一、第二结构体系受力计算应按组合梁的方法,第三结构体系受力计算应按组合板的方法,依据相关规范要求进行计算。

1 波折钢-混凝土组合桥面板的第一结构体系受力计算,当计算桥面梁刚度时,可忽略钢筋刚度的影响。

2 波折钢-混凝土组合桥面板的第二结构体系受力计算,验算纵、横梁在局部荷载作用下的强度和挠度,当板肋方向与纵梁或横梁方向一致时,板的厚度取 h_c,当板肋方向与纵梁或横梁方向垂直时,板的厚度取 h;其有效工作宽度 b_{cm} 应按式(6.2.1-1)~

式(6.2.1-3)计算。

抗弯计算时：

$$b_{cm}=b_m+\frac{1}{3}\left[4L_p\left(1-\frac{L_p}{L}\right)\right] \tag{6.2.1-1}$$

抗剪计算时：

$$b_{cm}=b_m+L_p\left(1-\frac{L_p}{L}\right) \tag{6.2.1-2}$$

$$b_m=b_c+2(h_c+h_f) \tag{6.2.1-3}$$

式中：b_{cm}——波折钢-混凝土组合桥面板的有效工作宽度(图6.2.1)；

b_m——局部荷载在波折钢-混凝土组合桥面板中的分布宽度；

L_p——荷载作用点至波折钢-混凝土组合桥面板支撑的较近距离，当跨度内有多个集中荷载时，L_p 应取产生较小 b_{cm} 值的相应荷载作用点至较近支承点的距离；

L——波折钢-混凝土组合桥面板的计算跨径；

b_c——荷载宽度；

h_c——波折底钢板上翼缘以上混凝土厚度；

h_f——铺装层厚度(若无铺装层，$h_f=0$)。

3 波折钢-混凝土组合桥面板的长边与短边长度之比大于或等于2时，第三结构体系受力应按单向板计算；因结构构造需要，波折钢-混凝土组合桥面板采用双向板时，第三结构体系内力应进行实体模型计算。波折钢-混凝土组合桥面双向板，当相邻跨连续时，桥面板周边应视为固定边；当不连续或相邻跨度相差较大时，如相邻跨比当前跨的跨度小，可视为简支边，如相邻跨比当前跨的跨度大，可视为固定边。

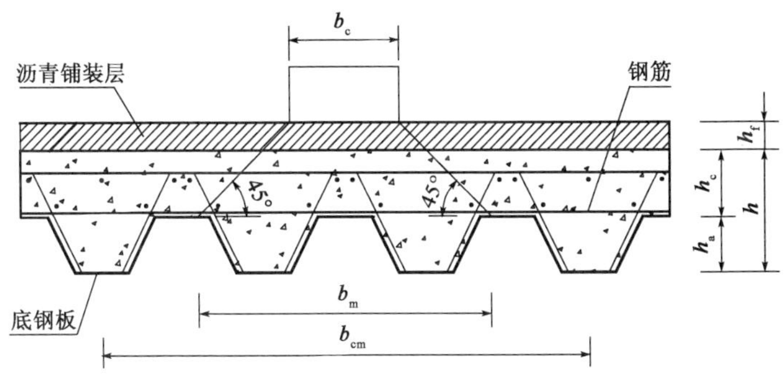

图 6.2.1 局部荷载分布的有效宽度

条文说明

本条是参照欧洲（ECCS 钢结构委员会）1981 年出版的组合结构规程，英国标准（BS）及欧洲共同体（CEC）于 1985 年共同编制的《钢与混凝土组合结构统一标准》的条款。波折钢-混凝土组合桥面板的第三结构体系受力计算时，板的有效分布宽度应按本条第 2 款计算。

6.2.2 施工阶段，波折底钢板兼作浇筑混凝土的底模，计算抗弯承载力时，可采用弹性分析方法。其强边（顺肋）方向的正、负弯矩和挠度按单向板计算。

条文说明

施工阶段，波折底钢板兼作浇筑混凝土的底模，计算强边（顺肋）方向的正、负弯矩承载能力时，不考虑弱边（垂直肋）方向的正、负弯矩。

6.2.3 四边支承的双向板，强边方向应按波折钢-混凝土组合桥面板总厚度计算内力，弱边方向应按波折钢-混凝土组合桥面板最小厚度（$h = h_c$）计算内力。

6.2.4 波折钢-混凝土组合桥面板应根据边界约束条件，采用有限元法进行内力计算。

条文说明

鉴于计算手段的进步，为使计算结果更为准确，本条规定采用有限元法进行桥面板内力计算。

7 承载能力极限状态计算

7.1 一般规定

7.1.1 波折钢-混凝土组合桥面板结构重要性系数应为1.1。

条文说明

波折钢-混凝土组合桥面板一般应用在重要的桥梁上,为超静定强劲的桥面结构,为了行车安全,桥梁结构重要性系数取值为1.1。

7.1.2 波折钢-混凝土组合桥面板应进行强度和刚度的计算;波折钢-混凝土组合桥面板作为钢格子梁或钢箱梁的上翼缘时,钢格子梁或钢箱梁的强度和刚度计算应按相关规范执行。

7.1.3 波折钢-混凝土组合桥面板应进行正截面抗弯承载能力、斜截面抗剪承载能力、抗冲剪承载能力和剪力键的抗剪承载能力等极限承载力状态计算。

7.1.4 承载能力极限状态计算时,作用(或荷载)的效应(其中汽车荷载应计入冲击系数)应采用组合设计值;结构材料性能应采用强度设计值。

7.1.5 波折钢-混凝土组合桥面板的正截面抗弯承载能力采用塑性设计法计算,假定截面受拉区和受压区的材料均达到各自强度设计值。

条文说明

根据试验结果,波折钢-混凝土组合桥面板在正截面弯曲破坏时,受拉区和受压区的材料达到各自强度设计值。

7.1.6 波折钢-混凝土组合桥面板弯矩极限承载能力计算时,应包括桥面板跨中正弯矩截面、支点负弯矩截面及截面突变处。

7.1.7 波折钢-混凝土组合桥面板承载能力计算时,混凝土收缩系数取普通混凝土的0.4倍,混凝土徐变系数取普通混凝土的0.5倍。

7.2 正弯矩截面抗弯承载能力

7.2.1 波折底钢板钢材强度设计值、普通钢筋的强度设计值、混凝土强度设计值均应分别乘以折减系数0.8。

条文说明

考虑到作为受拉钢筋的波折底钢板没有混凝土保护层,以及中性轴附近材料强度发挥不充分等原因,故对波折底钢板、普通钢筋及混凝土强度设计值予以折减。

7.2.2 承受正弯矩的波折钢-混凝土组合桥面板,当 $f_d A_s \leqslant f_{cd} b h_c + f'_{sd} A'_{sd}$ 时,中性轴在波折底钢板上翼缘以上的混凝土内(图 7.2.2),波折钢-混凝土组合桥面板抗弯能力按式(7.2.2-1)计算。

$$\gamma_0 M_d \leqslant 0.8 f_{cd} x_c b\left(h_0 - \frac{x_c}{2}\right) + 0.8 f'_{sd} A'_{sd}(h_0 - a_s) \quad (7.2.2\text{-}1)$$

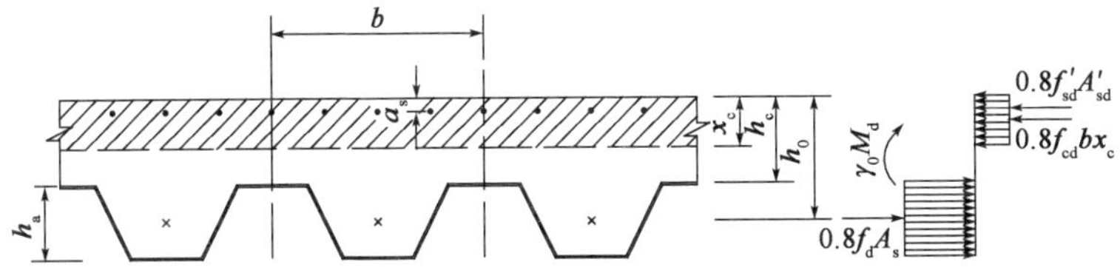

图 7.2.2 正弯矩截面抗弯承载能力计算图(中性轴位于波折底钢板以上混凝土内)

混凝土受压区高度 x_c 应按式(7.2.2-2)计算。

$$f_d A_s = f_{cd} b x_c + f'_{sd} A'_{sd} \quad (7.2.2\text{-}2)$$

式中:x_c——波折钢-混凝土组合桥面板受压区高度,当 $x_c > 0.55h_0$ 时,取 $x_c = 0.55h_0$;

h_0——波折钢-混凝土组合桥面板有效高度,即从波折底钢板重心至混凝土受压边缘的距离;

b——波折底钢板单位宽度;

A_s——波折底钢板截面面积(单位宽度内);

f_{cd}——混凝土抗压强度设计值。

7.2.3 承受正弯矩的波折钢-混凝土组合桥面板，$f_d A_s > f_{cd} b h_c + f'_{sd} A'_{sd}$时，中性轴在波折底钢板内（图7.2.3），波折钢-混凝土组合桥面板正截面抗弯能力应按式(7.2.3-1)计算。

$$\gamma_0 M_d \leqslant 0.8 f_{cd} b h_c Y_1 + 0.8 f'_{sd} A'_{sd} \left(Y_1 + \frac{h_c}{2} - a_s \right) + 0.8 A'_s f'_d Y_2 \tag{7.2.3-1}$$

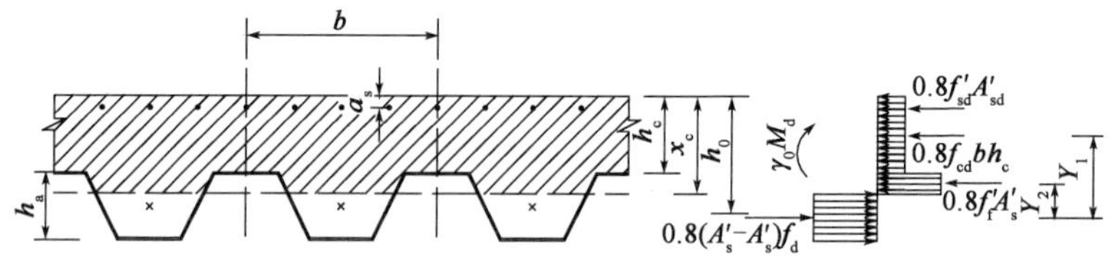

图7.2.3 正弯矩截面抗弯承载能力计算图（中性轴位于波折底钢板内）

混凝土受压区高度x_c应按式(7.2.3-2)计算。

$$f_{cd} b h_c + f'_{sd} A'_{sd} + f'_d A'_s = (A_s - A'_s) f_d \tag{7.2.3-2}$$

式中：A'_s——受压区的波折底钢板面积；

Y_1——波折底钢板受拉区截面拉应力合力至受压区混凝土板截面压应力合力的距离；

Y_2——波折底钢板受拉区截面拉应力合力至波折底钢板截面压应力合力的距离。

7.3 负弯矩截面抗弯承载能力

7.3.1 承受负弯矩的波折钢-混凝土组合桥面板，当$f_{sd}A_{sd} \geqslant f'_{d}A'_{d} + f_{cd}A_{cd}$时，中性轴位于波折底钢板上翼缘以上的混凝土内(图 7.3.1)，波折钢-混凝土组合桥面板抗弯能力按式(7.3.1-1)计算。

$$\gamma_0 M_d \leqslant 0.8 f_{sd}A_{sd}Y_3 + 0.8 f'_{d}A'_{s}Y \tag{7.3.1-1}$$

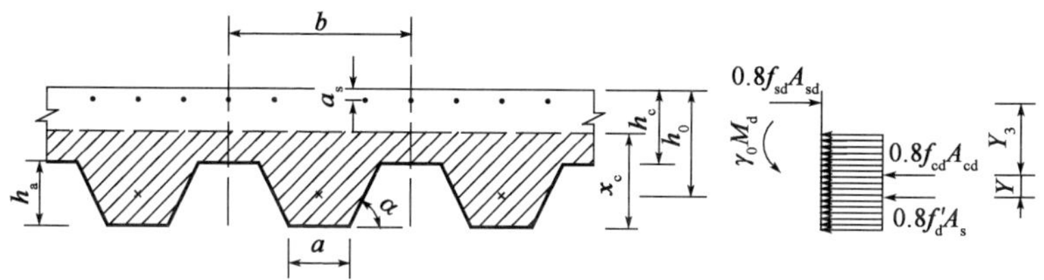

图 7.3.1 负弯矩截面抗弯承载能力计算图(中性轴位于波折底钢板以上混凝土内)

混凝土受压区高度x_c应按式(7.3.1-2)、式(7.3.1-3)计算：

$$f_{sd}A_{sd} = f'_{d}A'_{s} + f_{cd}A_{cd} \tag{7.3.1-2}$$

$$A_{cd} = (x_c - h_a)b + \left(a + \frac{h_a}{\tan\alpha}\right)h_a \tag{7.3.1-3}$$

式中：Y_3——受拉钢筋应力作用点至受压混凝土截面应力合力的距离；

Y——波折底钢板截面应力合力至混凝土受压区截面应力合力的距离；

A_{cd}——受压区混凝土的截面面积(单位宽度)。

7.3.2 承受负弯矩的波折钢-混凝土组合桥面板，当$f_{sd}A_{sd} < f'_sA'_s + f_{cd}A_{cd}$时，中性轴位于波折底钢板内(图7.3.2)，波折钢-混凝土组合桥面板抗弯能力按式(7.3.2-1)计算。

$$\gamma_0 M_d \leqslant 0.8 f_{sd} A_{sd} Y_3 + 0.8 f_d (A_s - A'_s) Y_1 - 0.8 f'_d A'_s (Y_2 - Y_1) \tag{7.3.2-1}$$

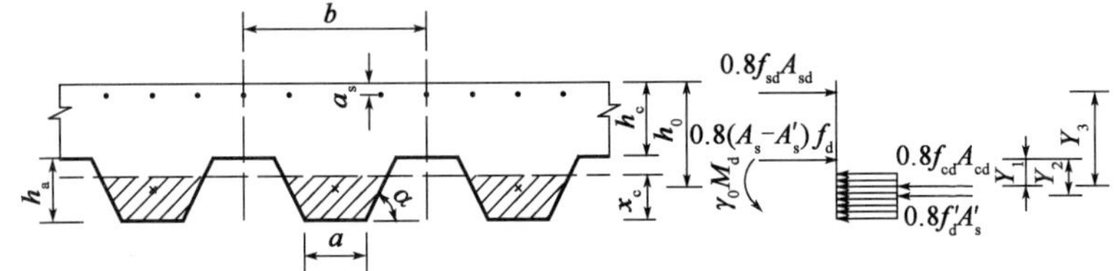

图7.3.2 负弯矩截面抗弯承载能力计算图(中性轴位于波折底钢板内)

混凝土受压区高度x_c应按式(7.3.2-2)、式(7.3.2-3)计算。

$$f_{sd}A_{sd} + f_d(A_s - A'_s) = f'_dA'_s + f_{cd}A_{cd} \tag{7.3.2-2}$$

$$A_{cd} = x_c\left(a + \frac{x_c}{\tan\alpha}\right) \tag{7.3.2-3}$$

7.4 抗冲切承载能力

7.4.1 波折钢-混凝土组合桥面板在集中荷载下的抗冲剪能力按式(7.4.1-1)、式(7.4.1-2)计算。

$$\gamma_0 F_{ld} \leqslant 0.6 f_{td} c_p h_c \tag{7.4.1-1}$$

$$c_p = 2\pi h_c + 4(h_0 - h_c) + 2a_c + 2b_c + 8h_f \tag{7.4.1-2}$$

式中：F_{ld}——组合板的冲切力设计值；

f_{td}——混凝土轴心抗拉强度设计值；

c_{p}——临界周界长度(图 7.4.1)。

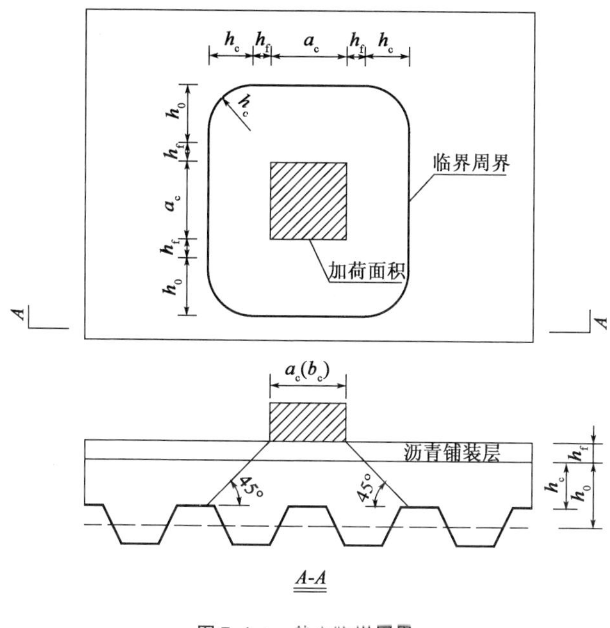

图 7.4.1 剪力临界周界

7.5 斜截面抗剪承载能力

7.5.1 波折钢-混凝土组合桥面板，垂直于肋方向的斜截面抗剪极限承载能力按式(7.5.1)计算。

$$\gamma_0 V_d \leqslant 0.07 f_{cd} W_r h_0 \tag{7.5.1}$$

式中：V_d——波折钢-混凝土组合桥面板斜截面上的剪力设计值；

W_r——波折钢-混凝土组合桥面板平均肋宽（图7.5.1）；

h_0——波折钢-混凝土组合桥面板的有效高度，即从波折底钢板重心至混凝土受压边缘的距离。

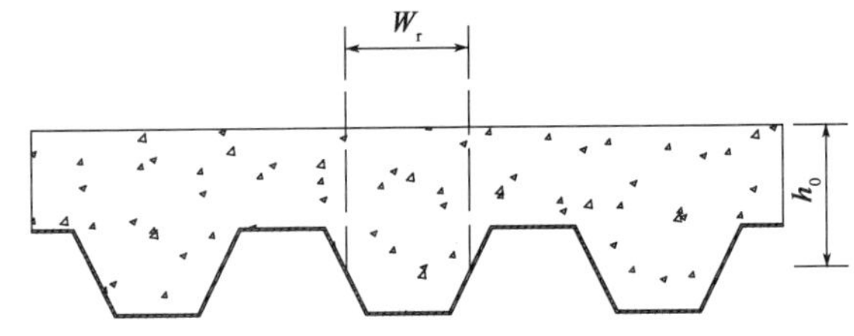

图7.5.1　剪力作用范围内有效肋宽示意图

条文说明

第7.4条、第7.5条参照ECCS4《组合结构设计规程》、BS《压型钢楼板设计、施工规程》、EEC《钢与混凝土组合结构统一标准》以及《混凝土结构设计规范》（GB 50010）。

7.6　剪力键计算

7.6.1　波折钢-混凝土组合桥面板，钢筋剪力键的抗剪能力应按式（7.6.1）计算。

$$\gamma_0 V_{zd1} = 0.43\gamma_0 A_{s1}\sqrt{E_c f_{cd}} \leqslant 0.7 A_{s1} f_{d1} \tag{7.6.1}$$

式中：V_{zd1}——单个钢筋剪力键抗剪承载力设计值(N)；

A_{s1}——单个钢筋剪力键钢筋截面面积(mm^2)；

E_c——混凝土弹性模量(MPa)；

f_{cd}——混凝土的轴心抗压强度设计值(MPa)；

f_{d1}——钢筋剪力键的抗拉强度设计值(MPa)。

8 正常使用极限状态计算

8.1 一般规定

8.1.1 波折钢-混凝土组合桥面板的最大正负弯矩截面,应进行正常使用极限承载力状态计算,验算内容应包括波折钢-混凝土组合桥面板的底钢板及混凝土板的应力。

8.1.2 正常使用极限状态的计算,应根据不同的设计要求,采用作用的频遇组合或准永久组合。

条文说明

荷载分项系数取为1.0。

8.1.3 波折钢-混凝土组合桥面板正常使用极限状态的计算,应包括裂缝宽度、应力、挠度和动力性能。

8.1.4 按线弹性理论,采用有限元法进行裂缝宽度、应力、挠度和动力性能计算。长期效应作用下混凝土的弹性模量宜按0.7倍短期效应的弹性模量取值。

条文说明

根据试验研究资料，近似取长期效应作用下混凝土的弹性模量为短期效应时的0.5倍计入徐变效应；考虑到波折钢-混凝土组合桥面板混凝土体量大，含钢率相对较低，因此，长期效应作用下混凝土的弹性模量，推荐按0.45倍短期效应的弹性模量取值。

8.2 挠度与预拱度

8.2.1 拱桥的波折钢-混凝土组合桥面板，其挠度应满足下列规定：

1 主拱、吊索（或立柱）、桥面梁和桥面板在汽车荷载（不计冲击力）作用下的正负挠度绝对值之和不大于主拱计算跨径的1/800。

2 桥面梁和桥面板在汽车荷载（不计冲击力）作用下的正负挠度绝对值之和不大于吊索（或立柱）间距的1/1200。

3 桥面板在汽车荷载（不计冲击力）作用下的正负挠度绝对值之和不大于次纵梁或横梁间距的1/1600。

8.2.2 悬索桥或斜拉桥的波折钢-混凝土组合桥面板，其挠度规定限值可参照8.2.1条的规定执行。

8.2.3 梁桥的波折钢-混凝土组合桥面板，其挠度应满足下列要求：

1 桥面梁和桥面板在汽车荷载(不计冲击力)作用下的正负挠度绝对值之和不大于主梁计算跨径的1/800。

2 桥面板在汽车荷载(不计冲击力)作用下的正负挠度绝对值之和不大于纵梁或横梁间距的1/1600。

8.2.4 波折钢-混凝土组合桥面板的钢格子梁、钢箱梁或混凝土梁,其变形挠度不满足《公路桥涵施工技术规范》(JTG/T F50)时,应设置预拱度。计算预拱度应为恒载累计变形、徐变挠度和1/2活载挠度之和。

8.3 裂缝宽度

8.3.1 负弯矩区的波折钢-混凝土组合桥面板,混凝土裂缝宽度不应大于0.2mm,名义拉应力不宜大于4.0MPa。

条文说明

波折钢-混凝土组合桥面板上设置了沥青混凝土铺装层,且在组合桥面板与沥青混凝土层之间设置了防水层,因此,裂缝宽度限值为0.2mm。波折钢-混凝土组合桥面板采用了混杂纤维高韧性混凝土,并进行了超筋配置,因此,名义拉应力限值为4.0MPa。

8.3.2 波折钢-混凝土组合桥面板负弯矩区段最大裂缝宽度应按式(8.3.2)计算。

$$\omega_{fk}=C_1C_2C_3\frac{\sigma_{ss}}{E_s}\left(\frac{c+d}{0.36+1.7\rho_{te}}\right) \tag{8.3.2}$$

式中:ω_{fk}——最大裂缝宽度(mm);

C_1——钢筋表面形状系数,对于光圆钢筋 $C_1=1.4$,带肋钢筋 $C_1=1.0$;

C_2——作用(或荷载)长期效应影响系数,$C_2=1+0.5\frac{M_l}{M_s}$,其中 M_l 和 M_s 分别为按作用准永久组合和作用频遇组合计算的弯矩设计值或轴力设计值(N·mm);

C_3——与构件受力性质有关的系数,取值为1.15;

σ_{ss}——纵向受拉钢筋应力(MPa);

ρ_{te}——纵向受拉钢筋的有效配筋率;

d——纵向受拉钢筋的直径(mm)。

8.3.3 波折钢-混凝土组合桥面板负弯矩区的纵向受拉钢筋应力 σ_{ss} 应按式(8.3.3)计算。

$$\sigma_{ss}=\frac{M_s}{0.87A_sh_0} \tag{8.3.3}$$

式中:M_s——按作用频遇组合计算的弯矩设计值(N·mm)。

8.4 动力特性

8.4.1 波折钢-混凝土组合桥面板的桥梁整体纵向或横向自振频率宜大于0.1Hz，竖向自振频率宜大于0.2Hz。

8.4.2 波折钢-混凝土组合桥面板的自振频率可采用有限元法计算，也可按式(8.4.2)计算。

$$f_q = \frac{1}{0.178\sqrt{\omega}} \tag{8.4.2}$$

式中：f_q——钢-混凝土组合桥面板的计算自振频率(Hz)；

ω——永久荷载作用产生的挠度(cm)。

9 施工计算

9.1 一般规定

9.1.1 波折钢-混凝土组合桥面板应按运输与安装、浇筑桥面板混凝土两个阶段进行施工过程计算。

9.1.2 当拟定的波折钢-混凝土组合桥面板的底钢板受力截面不能满足运输与安装、浇筑桥面板混凝土两个阶段的强度、刚度时，可增加受力截面，设置局部加劲构造。

9.1.3 当计算底钢板浇筑桥面混凝土时，其施工荷载的动力系数应取1.2。

9.2 计算原则

9.2.1 波折钢-混凝土组合桥面板的施工计算，底钢板的强度、刚度应按钢结构计算。

条文说明

钢格子梁和钢箱梁加工制造、运输、安装和桥面板混凝土未达到设计强度前，当底钢板参与受力时，应按钢结构进行强度、刚度和局部稳定性计算。

9.2.2 波折钢-混凝土组合桥面板的底钢板等钢结构计算应按有限元法进行。

9.2.3 波折底钢板与纵横梁的焊接连接，应按固结条件计算。

9.2.4 波折钢-混凝土组合桥面板浇筑桥面板混凝土阶段的钢结构施工计算，待浇筑混凝土及施工人群荷载宜按均布荷载计算，施工设备等荷载可按集中荷载计算。

条文说明

待浇混凝土及施工人群荷载按均布荷载计算时，应根据施工加载步骤、工序等分多阶段进行计算，不能遗漏最不利控制加载阶段。

9.2.5 优化桥面板混凝土的浇筑顺序，应以降低波折钢-混凝土组合桥面板负弯矩混凝土截面拉应力、并兼顾确保波折钢-混凝土组合桥面板底钢板的安全为目标。

条文说明

波折钢-混凝土组合桥面板底钢板的安全是指波折钢-混凝土组合桥面板底钢板的应力峰值最低、变形最小。

9.3 强度与刚度

9.3.1 波折钢-混凝土组合桥面板的钢结构施工计算,底钢板的应力不宜大于 $0.35f_y$。

9.3.2 波折钢-混凝土组合桥面板的施工阶段,底钢板的挠度不应大于 $L/180$ 及 20mm 中的较小值。

条文说明

运输与安装阶段,L 指钢板支承点的间距;浇筑桥面板混凝土阶段,L 指纵横梁的间距(mm)。

10 构造要求

10.1 一般规定

10.1.1 波折钢-混凝土组合桥面板的构造示意如图10.1.1所示。

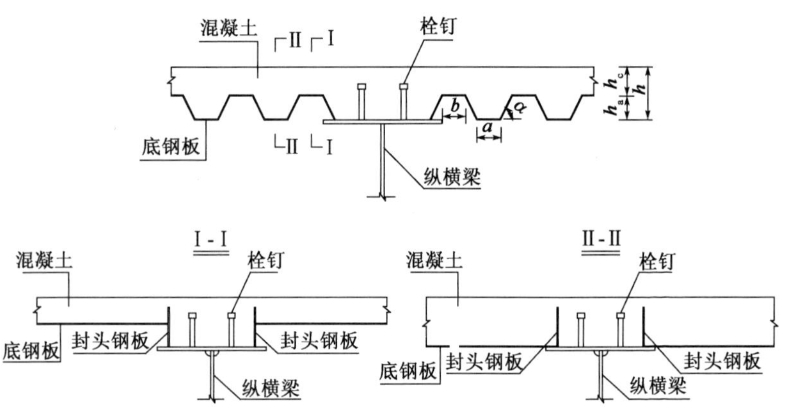

图10.1.1 波折钢-混凝土组合桥面板的构造示意图

a-波折底钢板下缘宽度；b-波折底钢板上缘宽度；h_c-波折底钢板上缘混凝土厚度；h_a-波折底钢板总高度；h-波折钢-混凝土组合桥面板标准截面总厚度

10.1.2 波折钢-混凝土组合桥面板的一般构造应满足下列要求：

1 当波折钢-混凝土组合桥面板纵肋方向的跨度不超过2.5m时，该结构的标准截面总厚度 h 宜为20～25cm，波折底钢板的板

肋高度 h_a 为 8 ~ 12cm，钢板肋顶部以上浇筑的混凝土厚度 h_c 不应小于 12cm（图 10.1.1）。

2 当波折钢-混凝土组合桥面板纵肋方向的跨度超过 2.5m 时，该结构的标准截面总厚度 h、波折底钢板的板肋高度 h_a、钢板肋顶部以上浇筑的混凝土厚度 h_c 应根据结构计算确定。

10.1.3 波折钢-混凝土组合桥面板应与纵横梁焊接连接，纵横梁采用混凝土梁时，应在纵横梁内预埋钢构件，再与波折钢-混凝土组合桥面板的底钢板焊接连接。

条文说明

为了提高波折钢-混凝土组合桥面板与纵横梁的整体工作性能，降低纵横梁的应力水平，因此，本规程规定底钢板与纵横梁焊接连接，并通过纵横梁顶端的剪力键与混凝土板形成锚固连接构造。

10.2 底钢板、封头钢板与剪力键

10.2.1 波折钢-混凝土组合桥面板用波折底钢板净厚度不宜小于 4mm，主要参数应符合 $a_1/h_a = 0.9 \sim 1.0$、$a_2 = (0.45 \sim 0.55)a_1$、$a_3 = a_1$ 的规定。其构造示意如图 10.2.1 所示。

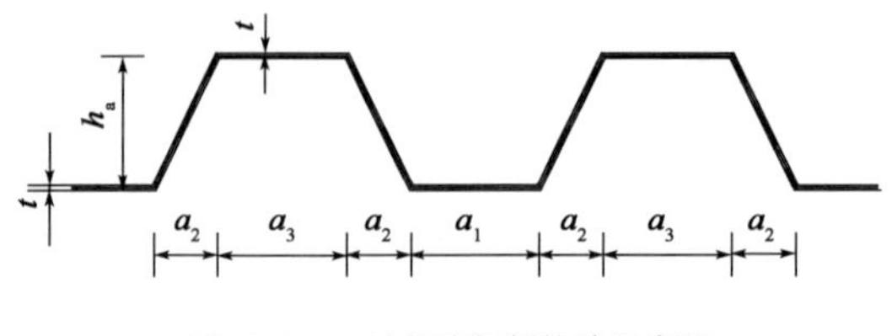

图 10.2.1　波折底钢板构造示意图

10.2.2　波折钢-混凝土组合桥面板的波折底钢板,在纵横梁上的单边支承长度不应小于 50mm。其构造示意如图 10.2.2 所示。

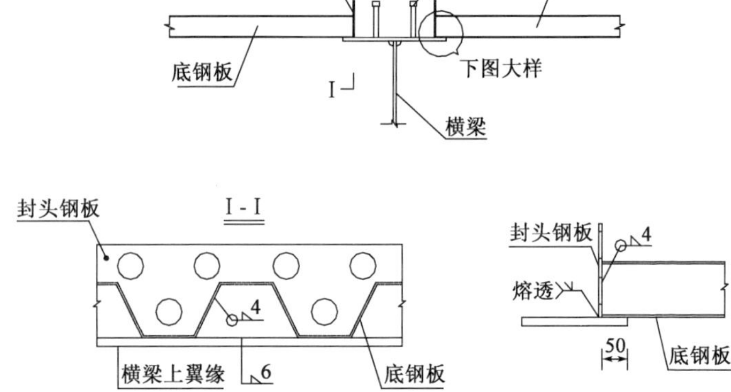

图 10.2.2　波折底钢板与纵横钢梁的焊接示意图(尺寸单位:mm)

10.2.3　波折钢-混凝土组合桥面板的封头钢板的厚度不应小于 5mm,封头钢板开孔直径宜为 50 ~ 60mm,开孔中心间距宜为 120 ~ 150mm,开孔距上边缘的距离不宜小于 30mm,开孔净距不宜小于

50mm。具构造示意宜符合图10.2.3的规定。

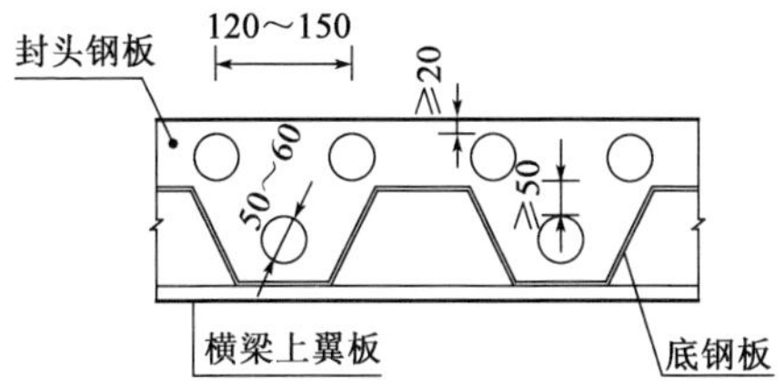

图10.2.3 封头钢板构造示意图(尺寸单位:mm)

10.2.4 封头钢板开孔内应穿直径不小于12mm的钢筋,封头钢板顶面距桥面板顶缘的混凝土保护层厚度不宜小于10mm。

10.2.5 混凝土纵横梁顶的钢筋剪力键或钢纵横梁顶的栓钉剪力键的间距宜为15～30cm,当该间距布置的剪力键不能满足抗剪要求时,宜加密错位布置增加剪力键数量。剪力键错位布置示意应符合图10.2.5的规定。

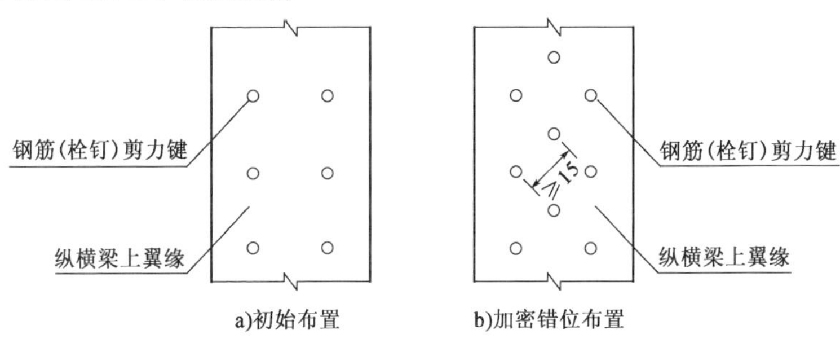

图10.2.5 剪力键加密错位布置示意图(尺寸单位:cm)

10.2.6 混凝土纵横梁顶的钢筋剪力键或钢纵横梁顶的栓钉剪力键混凝土保护层厚度不宜小于15mm。

10.2.7 钢筋剪力键的构造形状宜满足图10.2.7的要求，钢筋的弯曲半径 R 宜大于 $5d$，钢筋弯折角度 α 宜按式(10.2.7)计算。

$$\alpha = 180° - 2\beta \tag{10.2.7}$$

式中：β——波折底钢板腹板的倾角。

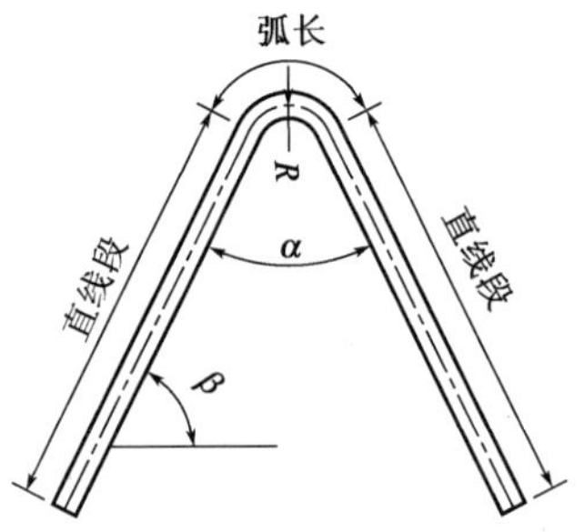

图10.2.7 钢筋剪力键构造示意图

10.2.8 波折钢-混凝土组合桥面板应设置钢筋剪力键，钢筋直径宜为底钢板厚度的2~3倍，钢筋剪力键宜采用HRB400钢筋，剪力键间距宜为10~15cm，钢筋剪力键宜与波折底钢板的腹板宜采用双面焊接或错位两面焊接，双面或两面焊接的焊缝总长度不宜小于40mm。其构造示意应符合图10.2.8的规定。

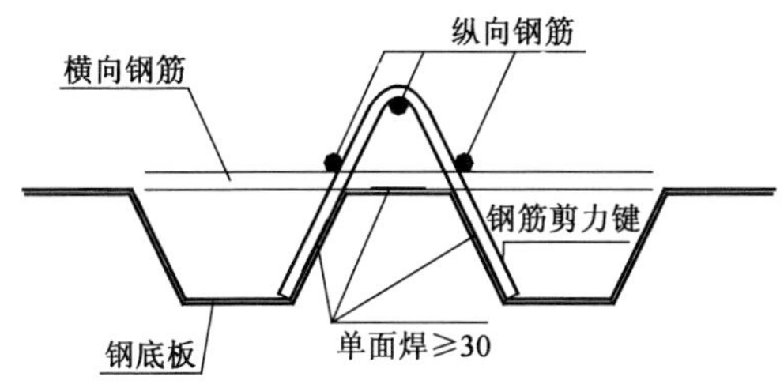

图 10.2.8 钢筋剪力键与波折底钢板焊接构造示意图(尺寸单位:mm)

10.2.9 在工厂内应完成封头钢板与波折底钢板的焊接,封头钢板厚度宜为波折底钢板的1.5倍,且不大于10.5mm。封头钢板应与纵梁或横梁的钢构件上翼缘或预埋钢构件焊接。

10.3 钢 筋

10.3.1 波折钢-混凝土组合桥面板应设置纵、横向钢筋,钢筋直径不宜小于12mm。沿波折钢-混凝土组合桥面板板肋方向上缘的钢筋直径不宜小于16mm。

10.3.2 波折钢-混凝土组合桥面板在负弯矩区的受拉钢筋配筋率宜大于2.0%,受拉钢筋长度应延伸至负弯矩区以外,在同一截面截断的受拉钢筋面积不宜超过受拉钢筋总面积的50%。

条文说明

受拉区钢筋配筋率为受拉钢筋面积占混凝土截面面积的百分比。

10.3.3 波折钢-混凝土组合桥面板在负弯矩区段,宜设置弯起钢筋,其构造应符合图10.3.3-1、图10.3.3-2的规定。

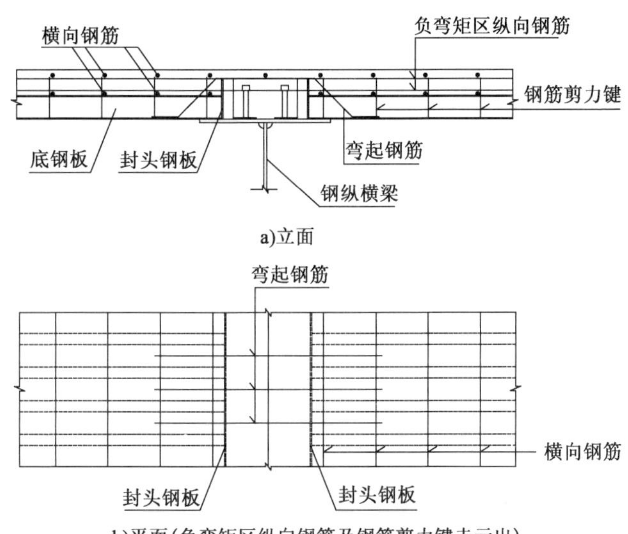

图 10.3.3-1 负弯矩区段弯起钢筋构造示意图

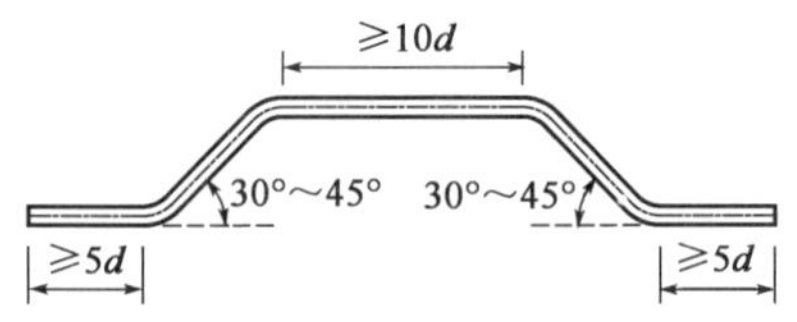

图 10.3.3-2 弯起钢筋构造大样

10.3.4 在集中荷载区段和施工通道预留孔洞周围,应设置分布钢筋网,钢筋直径宜为10mm,间距宜为10cm。

10.4 混凝土板

10.4.1 混凝土强度等级宜选用C30或C40,制备混凝土的粗集料最大粒径不应超过20mm。

条文说明

波折钢-混凝土组合桥面板的钢筋和剪力键设置较密,为保证混凝土浇筑密实,应控制混凝土粗集料的最大粒径。

10.5 耐久性

10.5.1 波折钢-混凝土组合桥面板负弯矩区的裂缝宽度,应进行专项验算,并满足现行有效规范要求。

10.5.2 波折钢-混凝土组合桥面板应进行完整的桥面排水设计,桥面负弯矩区段应设置桥面沥青混凝土防水层。钢结构构件中应尽量避免采用易于积水的闭口截面,并于凹槽、坑槽处设置有效的排水孔。

条文说明

波折钢-混凝土组合桥面板的底钢板与钢筋加工、制造、安装到浇筑桥面板混凝土期间，因雨水、施工用水等容易积聚在桥面板的钢结构中，加上桥面板钢筋多，清除困难，所以应设置施工期间的排水孔。排水孔应在钢结构加工制造时一并设置，并做好涂装。

10.5.3 波折钢-混凝土组合桥面板采用非耐候钢时，外露钢结构应采用长效防腐体系，并满足相关标准的要求。

11 施 工

11.1 钢 结 构

11.1.1 连接波折钢-混凝土组合桥面板的钢格子梁、钢箱梁或混凝土梁内的预埋钢构件，下料、加工、制造、运输、安装等工艺质量控制应满足相关规范要求。

11.1.2 波折钢-混凝土组合桥面板的底钢板、封头钢板、钢筋剪力键和栓钉，原材料的规格、材质、强度等级和检查验收应满足相关规范要求，且必须编制用于指导制作、装配、焊接工艺的文件。

11.1.3 平板压制的波折底钢板，其几何尺寸应在出厂前进行抽检，每作业班中抽检不应少于3块。

11.1.4 波折底钢板出厂前，在固定的部位应贴有标签标明波折底钢板材质、板型、板号(板长)、数量和净重，且必须有出厂产品合格证书。

11.1.5 波折底钢板基材不得有裂纹,涂层波折底钢板的漆膜不应有裂纹、剥落和露出金属基材等损伤。

11.1.6 波折底钢板在起吊、堆放时应多设支点,并应在支点处设置垫板以免形成集中荷载,且不得堆放过高,防止发生变形。

11.1.7 波折底钢板装卸时应采用吊具,并在吊点处设置保护措施,严禁直接使用钢丝绳捆绑起吊。长途运输宜采用集装箱,应在车辆内设置有橡胶衬垫的枕木,其间距不应大于1.5m。较长的波折底钢板运输时应设置刚性支承台架,并应牢固地与车身或刚性台架捆绑在一起,防止滑动。

11.1.8 波折底钢板应按不同材质,板型分别堆放。室内堆放一般采用组装式货架;工地堆放则一般采用设有橡胶衬垫的架空枕木,防止地面水浸泡。工地堆放时,其板型堆放顺序,应与施工顺序相吻合。

11.1.9 波折底钢板长期存放时,应设置雨棚和保持良好的通风环境。

11.1.10 波折底钢板铺设之前,应清扫钢梁顶面的杂物、矫正有弯曲和扭曲的波折底钢板,波折底钢板与钢梁或预埋钢构件顶面的间隙不宜大于1mm。

条文说明

波折底钢板与钢梁或预埋钢构件顶面的间隙尽量控制在1mm以下,避免多道焊接超标间隙薄板,形成过多内部和外观缺陷,导致承载力降低、耐久性变差。

11.1.11 波折底钢板与钢格子梁或钢箱梁连接顶面不宜涂刷油漆。

条文说明

为保证波折钢-混凝土组合桥面板与钢格子梁或钢箱梁顶面的钢筋混凝土黏结力,且不影响剪力键的焊接,钢格子梁或钢箱梁顶面不应涂刷油漆。

11.1.12 波折钢-混凝土组合桥面板的波折底钢板与钢格子梁、钢箱梁或预埋钢构件的焊接应满足钢结构焊接质量和设计要求。

条文说明

波折底钢板兼作为混凝土浇筑的底模、绑扎钢筋和浇筑混凝土的工作平台,因此,波折底钢板及焊接连接质量直接控制施工和使用的安全,应按钢结构加工制造要求保证连接和焊接质量。

11.1.13 波折底钢板安装就位后，根据设计要求设置的临时支撑应待混凝土浇筑完成其强度达到要求后方可拆除。临时支撑可在波折底钢板的底部设临时支架、临时梁或上方临时悬吊。

11.2 浇筑混凝土

11.2.1 可采用混凝土泵车或罐车输送波折钢-混凝土组合桥面板的混凝土。

11.2.2 波折钢-混凝土组合桥面板的周边宜设置构造钢板，兼作模板。

条文说明

波折钢-混凝土组合桥面板采用无模板化施工，周边不应单独设置模板，简化施工和质量控制环节，因此，设置构造钢板并兼作模板。

11.2.3 混凝土浇筑前，波折底钢板表面应清扫干净，波折底钢板内不得有积水、垃圾等杂物。

11.2.4 波折钢-混凝土组合桥面板的混凝土整平后，严禁抹平、收光，并及时覆盖厚型塑料薄膜养护。

12　质量验收

12.0.1　波折钢-混凝土组合桥面板验收项目的检查方法、操作步骤应满足相关规范和技术规程的要求。

12.0.2　原材料的验收应满足下列规定：

1　天然材料及混凝土外加剂应符合相关技术规范和设计文件的要求。

2　钢纤维和聚丙烯腈纤维应符合本规程规定的技术要求，并应抽样检查。

3　钢材及其连接材料应符合相关技术规范和设计文件的要求。

12.0.3　波折钢-混凝土组合桥面板质量检查与验收应符合表12.0.3的要求。

表 12.0.3 波折钢-混凝土组合桥面板的质量检查与验收指标要求

序号	验收项目		规定值或允许偏差	检验方法	备注
1	拌和物	1h 坍落度经时损失(cm)	≤3	坍落度筒法	—
2		初始坍落度(cm)	≤20		—
3		浇筑坍落度(cm)	≤18		—
4		扩展度(cm)	≥45		—
5	混凝土强度	抗折强度(MPa)	≥5	抽样法	强度等级为 C40 混凝土、C30 混凝土的强度容许值按相关规范执行
6		抗压强度(MPa)	≥40	抽样法和钻心取样法	
7	封头钢板	直线度(cm)	±0.5	3m 直尺法和皮尺法	—
8		间距(cm)	±0.5	钢尺法	为带孔钢板间的间距
9		开孔位置(cm)	±0.3	钢尺法	—
10		开孔直径(cm)	±0.1	钢尺法	—
11	波折底钢板	板肋高(mm)	+2，-1		波高≥80 mm
12		板宽(mm)	±1		宽度≤1m
13		板长(mm)	+5		板长<10m
			+10		板长≥10m
14		翘曲值(mm)	≤5		波高≤80mm，任意测量 4~5m 长
15		对角线任意一点的高程误差(mm)	≤3		全部检查
16		镰刀形弯曲值(mm)	≤8		测量长度<10m
			≤1/1000，且≤15		测量长度≥10m

续上表

序号	验收项目		规定值或允许偏差	检验方法	备注
17	波折底钢板	扭转角(°)	<10		任取10m长测量，波数>2，任取一波测量
18		端部相对最外棱边的不垂直度(mm)	≤5		波折底钢板宽度方向
19	波折底钢板的平整度(cm)		±0.5	3m直尺法	—
20	角焊缝		满足设计要求	磁粉法	全部检查
21	熔透焊缝		满足设计要求	超声波法	
22	养护	覆盖薄膜时间(min)	≤5	—	整平后，距离覆盖薄膜的时间
23		拆除薄膜时间(d)	≥4	—	—
24	混凝土表面平整度(cm)		±0.5	3m直尺法	—
25	桥面板总厚度(cm)		±0.5	—	—

12.0.4 波折钢-混凝土组合桥面板的验收资料与程序应符合相关规范的规定。

本规程用词用语说明

1 为便于在执行本规程条文时区别对待，对要求严格程度不同的用词说明如下：

1）表示很严格，非这样做不可的：

正面词采用“必须”，反面词采用“严禁”。

2）表示严格，在正常情况下均应这样做的：

正面词采用“应”，反面词采用“不应”或“不得”。

3）表示允许稍有选择，在条件许可时首先应这样做的：

正面词采用“宜”，反面词采用“不宜”。

4）表示有选择，在一定条件下可以这样做的，采用“可”。

2 条文中指定按其他有关标准执行的写法为“应按……执行”或“应符合……的规定”。